AF265688

DE LA
MORTALITÉ DANS LES COLONIES
DES JEUNES SOLDATS
VENANT DE FRANCE

Moyen de la faire cesser
en augmentant les revenus de ces pays, en temps de paix,
et assurant la défense de leur territoire,
en temps de guerre

DE L'ÉTABLISSEMENT DU SERVICE MILITAIRE AUX COLONIES

PAR

M. Armand JUSSELAIN
ANCIEN ÉLÈVE DE L'ÉCOLE POLYTECHNIQUE.

‹ Par le travail pour la patrie. ›

PARIS
LIBRAIRIE MILITAIRE DE J. DUMAINE
LIBRAIRE-ÉDITEUR
Rue et Passage Dauphine, 30

1877

DE LA
MORTALITÉ DANS LES COLONIES
DES JEUNES SOLDATS
VENANT DE FRANCE

Moyen de la faire cesser
en augmentant les revenus de ces pays, en temps de paix,
et en assurant la défense de leur territoire,
en temps de guerre

DE L'ÉTABLISSEMENT DU SERVICE MILITAIRE AUX COLONIES

PAR

M. Armand JUSSELAIN

ANCIEN ÉLÈVE DE L'ÉCOLE POLYTECHNIQUE.

« Par le travail pour la patrie. »

PARIS
LIBRAIRIE MILITAIRE DE J. DUMAINE
LIBRAIRE-ÉDITEUR
Rue et Passage Dauphine, 30

1877

A mes compatriotes des différentes colonies, sans distinction de classe ou de race ;

A mes anciens compagnons d'armes, ayant servi ou servant encore dans ces lointains climats ;

Aux vaillants travailleurs, fonctionnaires de tous rangs du ministère de la marine et des colonies,

Je dédie et recommande ces quelques pages. Et si j'ai pris encore pour épigraphe cette devise sacrée, déjà placée en tête d'une autre brochure (1) : « Par le travail pour la patrie », c'est que j'ai songé au bien que pourraient faire à « la Patrie », en « travaillant » à l'établissement, à l'organisation, au fonctionnement du service militaire aux colonies, les hommes de bonne volonté auxquels je m'adresse plus haut...

----

(1) *De la reproduction des cartes topographiques pendant la guerre en province*, 1870-1871. — Dumaine, éditeur, 1873.

DE LA

MORTALITÉ DANS LES COLONIES

DES JEUNES SOLDATS

VENANT DE FRANCE

———

Je sers l'État depuis vingt-neuf ans, et le plus souvent aux colonies.

J'y ai vu, avec douleur, des épidémies se renouveler, faisant de nombreuses victimes, presque exclusivement parmi les jeunes soldats depuis peu arrivés de France.

J'ai vu à la Guyane, — j'étais alors lieutenant d'infanterie de marine, — l'épouvantable épidémie de 1855 et 1856.

Revenu dans ce pays, après 20 années d'absence, j'assiste encore à une épidémie, plus bénigne, il est vrai, mais frappant toujours les seuls jeunes soldats ou officiers, venant de France.

Une compagnie avait fini son temps. Il a fallu la remplacer, et la compagnie nouvelle, arrivée pendant l'épidémie, a été décimée, dès son débarquement (1). Il y a lieu de chercher un remède à ce douloureux et éternel état de choses.

On le trouvera sûrement dans l'établissement du service militaire aux colonies.

Les créoles sont, dans leur pays et ceux d'un climat similaire, indemnes de ce terrible fléau : la fièvre jaune, et même de la plupart des autres maladies, épidémiques ou endémiques qui tuent nos malheureux soldats.

Pourquoi ne pas soumettre, comme tous les Français, nos compatriotes des colonies à l'obligation du service militaire ?

Ils ont demandé eux-mêmes, d'ailleurs, par les délibérations de leurs conseils, à remplir ce noble devoir.

Je sais qu'à l'établissement du service militaire aux colonies, il est fait des objections nombreuses et sérieuses.

---

(1) 47 hommes, sur un effectif total de 657 officiers et soldats d'infanterie de marine, sont morts, à la Guyane, pendant les seuls mois de mars, avril et mai : 2 en mars, 10 en avril, 35 en mai. Quelle progression ! Et il convient de remarquer que presque tous ces morts appartiennent à la 13e compagnie, débarquée en avril, qui, ce mois même, a perdu deux de ses officiers sur trois : le lieutenant et le sous-lieutenant. Toujours les plus jeunes ! Ces chiffres ont leur trop triste éloquence, démontrant l'urgente nécessité d'une mesure immédiate.

On dit que ces pays, exclusivement commerçants et agricoles, manquent déjà de bras et que les levées annuelles les en appauvriraient encore.

Mais ne pourrait-on exempter du service dans l'armée active les jeunes gens qui prendraient, pour un nombre d'années égal à celui qu'ils auraient passé dans cette situation, un engagement sérieux de travail?

On le fait bien en France pour les instituteurs publics, les frères de la Doctrine chrétienne, les jeunes gens se destinant à l'état ecclésiastique (1)...

Avec cette obligation, rigoureusement exécutée et pouvant, si elle ne l'était pas, amener l'incorporation, loin d'enlever des bras à l'agriculture, on lui en rendrait au contraire qu'en éloignent la paresse, l'indolence et la facilité de la vie en ces pays, et la mère-patrie garderait nombre de ses enfants, qu'elle envoie, chaque année, mourir inutilement loin d'elle.

Une autre objection au service militaire aux colo-

____

(1) Il y aurait la classe peu nombreuse des jeunes gens qui ne sauraient prendre d'engagement, parce qu'ils travaillent chez eux, ont de la fortune ou exercent une profession libérale. Ceux-là, les favorisés, qui doivent le plus l'exemple de l'accomplissement du premier et du plus grand des devoirs, serviraient leur pays, ou bien encore on pourrait admettre pour eux, en temps de paix, le volontariat d'un an ou l'exonération par la permutation avec un homme faisant partie de la réserve ou de l'armée territoriale. Ce sont des questions de détail à étudier.

nies est celle qui découle de l'antagonisme des races. On voit un danger à armer tous les citoyens et à en faire des soldats.

Si ce danger existe, l'obligation du service militaire, loin de l'augmenter, l'éloignerait et le diminuerait, au contraire.

D'abord, il serait facile d'envoyer, pendant qu'ils font partie de l'armée active, servir les hommes dans d'autres colonies que celle où ils sont nés ; les créoles des Antilles à la Guyane, au Sénégal ; ceux du Sénégal et de la Guyane aux Antilles, à Bourbon et ainsi de suite, le contingent de chaque colonie étant réparti dans les autres colonies, pendant toute la durée du service actif.

De cette façon, le danger redouté serait écarté, pendant toute la durée de ce service actif.

Quand ces hommes, modifiés par les habitudes de la vie de soldat, retourneraient dans leur pays, pour y faire partie de la réserve et de l'armée territoriale, il serait facile de les maintenir par des cadres intelligents et énergiques, composés des meilleurs d'entre eux, de l'élite de la population, par conséquent, et d'officiers, de sous-officiers européens, choisis avec les qualités voulues pour la tâche à remplir.

Rompus à la discipline, pendant leurs années de service extérieur, imprégnés par leur passage dans l'armée active du sentiment de la hiérarchie, ayant tous vécu alors sur le pied de l'égalité, de la camaraderie, ou du respect dû au grade ; soumis toujours, du reste, à la loi militaire et à ses rigueurs, qu'ils ont appris à connaître, contre le soldat qui manque à son devoir, ces hommes, rapprochés dans leur pays après l'avoir déjà été ailleurs, seraient alors plutôt une garantie qu'un danger pour l'ordre public.

Inutiles (1) aujourd'hui, ils seraient, en outre, dans ces conditions toutes nouvelles, d'une ressource suprême pour la défense du pays en cas de guerre : ce qui est une considération capitale, avec l'instabilité des temps actuels.

Ainsi économie de la vie de nos jeunes soldats de France, quand le pays a besoin de tous et de chacun ; contrainte au travail, au bien, par conséquent, de ceux des habitants de nos colonies qui vivent jusques ici dans l'oisiveté et qui seront forcés désormais de

---

(1) Inutiles, ils le sont, en effet, de toutes façons ; car non-seulement ils ne payent pas l'impôt du sang, mais beaucoup ne payent même pas un centime d'impôt en argent, certains conseils généraux ayant, par un esprit de fausse philanthropie, supprimé jusqu'à l'impôt personnel. Ne travaillant pas, ne produisant rien, par conséquent ; ne consommant que très-peu de ce que produisent les autres, à cause de la facilité de la vie en ces pays ; ne payant, en conséquence, ni impôt direct ni impôt indirect ; indemnes du service militaire, certains de ces hommes, sont donc, comme nous l'avons dit, complétement inutiles au pays, en temps de paix comme en temps de guerre.

Et cependant, aux jours de vote, ils nomment conseillers municipaux et généraux qui disposent du produit des impôts, dont ils n'ont pas payé un centime, et puis, députés et sénateurs qui disposent de l'argent, de l'honneur et du sang de la France.

servir leur pays avec le fusil ou avec la charrue; idées de fraternité militaire, de hiérarchie et de respect introduites dans tous les rangs de la population; ordre intérieur, matériel et moral, assuré par cette modification heureuse de l'esprit public; enserrement de la population entière jusqu'à l'âge de la libération dans des cadres sérieux et énergiques; défense du pays assurée en temps de guerre, de telle façon qu'il faudrait une véritable armée pour en faire et en conserver la conquête : tels sont les résultats heureux qu'avec le service obligatoire on pourrait obtenir pour ces pays et la mère-patrie (1).

Je n'ai pas la prétention, dans ce court exposé, de

---

(1) Il y aurait encore bien d'autres avantages à énumérer. Ainsi le développement de l'instruction populaire par le passage de tous aux écoles régimentaires, tous passant par l'armée ; le perfectionnement de l'armement par des expériences pratiques, faites sur une petite échelle, en donnant à ces troupes de tirailleurs des fusils à répétition, — cause principale, peut-être, du triomphe miraculeux bien que momentané des Turcs ; — l'élévation du niveau des officiers par l'obtention d'une partie des grades au concours , etc., etc. Je n'insiste pas : ces notes ajoutées au travail primitif prendraient et prennent déjà un développement plus grand que le travail lui-même. Les amis auxquels ce travail s'adresse vont trouver, peut-être, que « je ne suis pas amusant ». Pour prendre un exemple élevé : « Etait-il amusant », ce Caton, quand, à l'ouverture de chaque séance, il criait aux sénateurs de ce temps-là : « Delenda est Carthago » ? Eh bien, ces questions d'organisation, d'instruction, d'armement de la nation entière doivent être, je l'ai déjà dit ailleurs, le *Delenda Carthago* de tout Français qui écrit, aujourd'hui, sur n'importe quel sujet.

donner un plan de détail, ou même un aperçu d'ensemble de cette organisation.

Je n'ai voulu qu'en émettre l'idée, qui m'a semblé féconde, si nous l'appliquions avec cet esprit de suite, cette méthode, ce soin des détails dont nous avons si chèrement payé l'absence chez nous et la présence chez nos ennemis, pendant la funeste guerre de 1870-1871. Et cette pensée m'est revenue, quand j'ai revu, je le répète, nos jeunes soldats de France mourir d'une mort affreuse et inutile, sous ces climats impitoyables pour eux. Il faudra de la volonté persévérante et du temps pour étudier, organiser et réaliser cette grande réforme. On le pourrait cependant plus vite qu'on ne croit ; car la race créole, race intelligente et souple, est très-facile à dresser au métier des armes.

Quoi qu'il en soit, ce qui pourrait être fait tout de suite, c'est de ne jamais envoyer dans une colonie dont l'état sanitaire est douteux de jeunes troupes venant directement de France ; mais de prendre dans d'autres colonies similaires, et salubres pour le moment, des hommes déjà acclimatés par un certain séjour, de les diriger sur la colonie contaminée en les remplaçant momentanément dans la colonie saine par les troupes venant de France, destinées d'abord à la colonie menacée ou éprouvée par l'épidémie...

On trouvera, peut-être bien, encore ici, des objections tirées de ce que ces troupes de différentes colonies n'appartiennent pas aux mêmes régiments ; de ce qu'il n'est pas juste d'envoyer, dans une colonie où l'épidémie sévit, des soldats, des officiers dont « ce n'est pas le tour », etc., etc.

Ce sont là des raisons spécieuses et tout à fait secondaires, eu égard au but à atteindre, et quand le devoir et l'humanité parlent.

Nos soldats entendent ce langage-là, celui du dévouement et du sacrifice. Ils exposeront toujours de grand cœur la vie de quelques-uns d'entre eux pour sauver celles de beaucoup de leurs frères d'armes, qu'ils aient devant eux l'ennemi ou la maladie, la mort par le feu ou par la contagion.

Récompensez, d'ailleurs, ceux qui exposent leur vie, « quand ce n'est pas leur tour ».

Faites cela d'abord, mais ce ne sera qu'un palliatif. Etablissez ensuite le service militaire aux colonies, le service militaire qui, je ne cesserai de le répéter, introduira, dans une juste mesure, l'égalité et la fraternité dans les classes et les races d'hommes qui habitent ces pays, y assurera le calme et l'activité laborieuse, pendant la paix, et vous permettra de défendre, pendant la guerre, tous les points de leur territoire, évitant ainsi, un jour, les capitulations qu'ont dû subir, sous le premier empire, des hommes tels que *Villaret-Joyeuse*, à la Martinique, le général *Ernouf*, à la Guadeloupe, et *Victor Hugues*, à la Guyane.

En attendant, d'une manière ou d'une autre, trouvez le moyen de diminuer, de faire cesser immédiatement ces hécatombes périodiques, qui font mourir, loin de la patrie, d'une mort ignorée, inutile, affreuse, les plus jeunes, les plus sains, les plus vigoureux des enfants de France....

Fait au lazaret de la Pointe-du-Bout, rade de Fort de France (Martinique), pendant la quarantaine imposée aux navires arrivant de la Guyane, où sévit, depuis plus de six mois, une épidémie de fièvre jaune.

Du 8 au 23 mai 1877.

Armand JUSSELAIN,

trésorier-payeur de la Guyane française.

L'importante question que nous avons soulevée, loin de France, dans la solitude d'un lazaret, et sous l'empire d'une douloureuse préocupation, — le bien peut sortir quelquefois de l'excès même du mal, — cette question du service militaire aux colonies, qui touche à tant d'intérêts, est du domaine législatif, puisqu'elle ne peut être résolue et appliquée qu'en vertu d'une loi.

Nous avons pensé, cependant, que, si elle paraissait digne d'intérêt, elle pourrait être mise tout de suite à l'étude par les soins du ministère de la marine et des colonies, et élaborée par une commission d'hommes compétents, civils et militaires, auxquels leur profession et leurs services donneraient autorité pour accepter et remplir dignement ce mandat.

C'est ce qui nous a décidé à publier cette mince brochure.

La sorte de dédicace qui la précède, et qui s'adresse à tant d'hommes, n'a aucune proportion, — nous le reconnaissons, — avec l'importance de l'écrit.

Mais elle ne semblera pas aspirer trop haut si

l'on songe à la grandeur de l'idée, qui, appliquée sérieusement et vigoureusement, sauvera tout de suite tant de jeunes existences, et, augmentant la prospérité et le calme pendant la paix, assurera la défense, pendant la guerre, de ces terres françaises, que la France aurait la douleur de ne pouvoir secourir un jour, si, ce jour-là, toute communication entre elle et ses colonies était interceptée, comme sous le premier empire, ou si elle avait besoin elle-même de tous ses enfants pour la protection de son propre territoire.

Puisse le souvenir de nos malheurs passés nous rendre plus prévoyants pour l'avenir !

A. J.

Paris. — Impr. J. DUMAINE, rue Christine, 2.

Paris. — Imprimerie J. DUMAINE, rue Christine, 2.